# CORONAVIRUS – EINE POSITIVBETRACHTUNG

## WAS UNS DIE PANDEMIE FÜR DAS GESELLSCHAFTLICHE ZUSAMMENLEBEN LEHREN KANN

# CORONAVIRUS – EINE POSITIVBETRACHTUNG

## WAS UNS DIE PANDEMIE FÜR DAS GESELLSCHAFTLICHE ZUSAMMENLEBEN LEHREN KANN

TOBIAS HORN

Bibliografische Information der Deutschen Nationalbibliothek: Die Deutsche Nationalbibliothek ver-
zeichnet diese Publikation in der Deutschen Natio-
nalbibliografie; detaillierte bibliografische Daten
sind im Internet über dnb.dnb.de abrufbar.

Herstellung und Verlag: BoD – Books on Demand,
Norderstedt.

ISBN: 9783751901383

# Inhalt

# Ethisches Vorwort

Für manche Leserin oder manchen Leser mag diese Überschrift bereits schwermütig klingen. Man könnte hier ausschweifendes, wissenschaftliches Pro und Contra erwarten. Dies soll aber nicht in meinem Sinne sein.

Ich möchte dem Leser mit dem vorliegenden Buch keine neuen grundlegenden Theorien unterjubeln und möchte mich auch nicht als einer der vielen Möchtegern-Philosophen hervortun. Ziel ist der Austausch mit meinen Mitmenschen. Wir alle wurden durch die vielen Maßnahmen und der drohenden Gesundheitsgefahr verängstigt und verunsichert. Ich möchte die Menschen mitnehmen auf eine kleine optimistische Gedankenreise, damit wir die positiven Lehren einer solchen Pandemie nicht vergessen.

Aber warum nenne ich dieses Vorwort denn nun gerade „ethisches Vorwort"? Weil es bei dem hier vorliegenden Thema aus meiner Sicht unumgänglich ist, die ethische Seite des Inhaltes wenigstens kurz zu erwähnen. Als Ethik versteht man vereinfacht gesagt die Unterscheidung zwischen Gut und Böse. Es drängt sich also schnell die Frage auf, ob ich der Pandemie einen solch positiven Effekt zuschreiben darf, in Anbetracht der Tatsache von Hunderttausenden Todesopfern, schwerstkranken Menschen und den sich dahinter befindlichen Einzelschicksalen. Von weiteren Auswirkungen, beispielhaft auf die

Weltwirtschaft oder auch psychologische Folgen der Betroffenen, ganz zu schweigen. Ich könnte die Negativliste ewig fortsetzen.

Ich bin mir über das unsägliche Leid der Betroffenen und Angehörigen uneingeschränkt bewusst. Die Nachrichten waren gesäumt von Trauer, Fassungslosigkeit, Erschrecken und Unverständnis. Unverständnis darüber, wie sich ein Virus im Jahr 2020 in kürzester Zeit über den gesamten Globus verbreiten und das globale Geschehen nahezu zum Erliegen bringen konnte. Bis Anfang Juli 2020 sind international über 510.000 Menschen im Zusammenhang mit dem Corona-Virus verstorben. Von den 10,4 Millionen bestätigten Infizierten weltweit ist momentan nicht bekannt, wie der tatsächliche Krankheitsverlauf vonstattenging und welche Folgeschäden zu erwarten sind.

Darf angesichts dieses weltweiten Leids von positiven Seiten dieser Pandemie gesprochen werden? Dies war bereits die von mir gestellte Frage ein paar Zeilen weiter oben. Ich beantworte sie für mich mit: ja. Meine Überzeugung ist es, dass wir aus der Krise die guten Seiten herausfiltern und weiterentwickeln müssen. Wir müssen uns bewusst werden, was die unterschiedlichsten Maßnahmen für Auswirkungen auf unser künftiges Leben haben können.

Die Corona-Krise, wie sie allgemein genannt wird, ist ein Umstand, welchen sich wohl kaum jemand in diesem Maße hätte vorstellen können. Es wurde durch entsprechende Entscheidungsträger das nahezu gesamte öffentliche Leben in kürzester Zeit weltweit auf ein Mindestmaß heruntergefahren. Es ergaben und ergeben sich hierdurch kurzzeitige Zwangslagen für den Einzelnen, die wir uns kaum für das Jahr 2020 hätten denken können. Es war ein Großteil der 7,8 Milliarden Menschen auf der Erde von der Krise betroffen. Dass es hierbei nicht nur Pein zu ertragen gibt, scheint klar. Dass der ein oder andere Umstand auch positive Auswirkungen hatte, das gilt es meiner Meinung nach zu erkennen und zu verinnerlichen.

Ich nahm mir dieses Buch vor, um genau diese bejahenden Nebeneffekte herauszuarbeiten. Ich bin der Überzeugung, dass all diese Einzelschicksale, aber ebenso das kollektive Erleben dieser Katastrophe, den Einzelnen und unsere Gesellschaft stärker machen können für alles Kommende. Die schlimmen Auswirkungen können nicht gänzlich verhindert werden. Doch es ist möglich die positiven Seiten dieser Krise als Lehre für die Zukunft heranzuziehen. Deshalb ist es wichtig, dass die guten Effekte entsprechend erkannt und wahrgenommen werden. Sollte ich mit diesem Buch ein paar ängstlichen oder verängstigten Lesern etwas Mut machen können, dann ist der Zweck erreicht.

Ich werde im Folgenden Gedanken ansprechen, die von Alltäglichem, über politische, wirtschaftliche und gesellschaftliche Gesichtspunkte bis hin zu Umweltaspekten reichen. Ich bin mir über die Komplexität der jeweiligen Punkte genauso im Klaren, wie über die traurig stimmenden Fakten der Corona-Pandemie des 21. Jahrhunderts.

Dennoch möchte ich meine folgenden Ausführungen in diesem Buch auf die positiven Auswirkungen der mit der Seuche einhergehenden Maßnahmen beschränken. Ich lade Sie herzlich dazu ein, meine Gedanken und Hoffnungen für unsere gemeinsame Zukunft zu teilen.

Ihr Tobias Horn.

# Was ist dieser Corona-Virus?

Es ist unerlässlich, kurz zu erklären, was unter der Corona-Pandemie verstanden wird. Ich möchte aber getrost darauf verzichten ausschweifend unnötig die Zeilen zu füllen. Durch die fortlaufende Berichterstattung während der Krise muss ein grobes Verständnis über den Virus vorausgesetzt werden. Trotzdem bin ich der Meinung, dass ein paar Fakten und Bezeichnungen genannt werden müssen, um einen gleichen Ausgangspunkt für dieses Buch zu gewährleisten.

Was also ist dieser Corona-Virus, SARS-Cov-2 oder Covid-19? Beim Wort "Corona-Virus" handelt es sich um einen Oberbegriff. Dieser wurde aufgrund des kranzförmigen Aussehens der Corona-Viren (Lat.: Corona = Kranz) gebildet. Corona-Viren können einfache Erkältungen auslösen, sind aber auch die Verursacher für schwere Atemwegserkrankungen wie SARS und MERS. SARS-CoV-2 ist nun die spezielle Variante der Corona-Viren, welche aktuell nahezu die gesamte Weltbevölkerung beschäftigt. Covid-19 letztlich ist die entsprechend gefährliche Lungenkrankheit, die durch den Virus ausgelöst werden kann. Wobei es auch zu beachten gilt, dass bislang kaum abschließende wissenschaftliche Erkenntnisse zu Covid-19 vorliegen. Welche Organe somit tatsächlich von Covid-19 geschädigt oder betroffen sind, ist noch nicht abschließend geklärt.[1]

Zu Beginn der Corona-Krise waren viele Laien geneigt, den Corona-Virus mit der gewöhnlichen Grippe gleichzusetzen. Hierbei wurde nach bisherigem Stand die Infizierung mit Corona stark verharmlost. Hauptsächliche Argumentationsgrundlage für die „Nur-eine-Grippe-Vertreter" war, dass die Grippe ähnlich tödlich sei und somit die Hysterie bezüglich des Corona-Virus völlig überzogen sei. Was den neuartigen Virus jedoch deutlich gefährlicher macht, ist zum einen die erheblich längere Inkubationszeit bei Corona. Das heißt, die Symptomatik setzt sehr viel später als bei der klassischen Grippe ein und man weiß teilweise bis zu vierzehn Tage noch gar nichts von einer Infektion. In dieser Zeit steckt man weitere Personen an, man sagt zwischen zwei und vier. Im Vergleich: Bei der Grippe und einer Inkubationszeit von ein bis zwei Tagen, geht man von einer Infektionsrate von knapp über 1 aus. Ein Grippe-Infizierter steckt also im Schnitt etwas mehr als eine weitere Person an. Ein Corona-Infizierter jedoch eben zwei bis vier. Dies führt ohne Gegenmaßnahmen schnell zu einem exponentiellen Anstieg der Infizierten-Zahlen. Hinzu kommt, dass es in der Bevölkerung eine sogenannte Grundimmunität gegen Grippe gibt. Dies ist beim Virus SARS-CoV-2 aktuell nicht der Fall.

---

[1] Quelle: Knop, C. (2020). „Ein Volk von Hobby-Epidemiologen?", FAZ+ online.

Ziel der weltweit getroffenen Maßnahmen von Politik und Gesellschaft, war letztendlich also zunächst, den exponentiellen Anstieg an Infektionen einzudämmen. Dadurch sollten aufgrund der oben genannten Gründen nicht mehr Personen infiziert und intensivmedizinisch behandelt werden müssen, als Kapazitäten in den Kliniken vorrätig wären. Solche Situationen waren leider beispielsweise in Italien oder Spanien der Fall.

Mit Stand Juli 2020 muss dennoch erwähnt werden, dass sich die wissenschaftlichen Kenntnisse zu dem neuartigen Corona-Virus in einem stetigen Weiterentwicklungsprozess befinden. Es gibt noch keine fundierten Studien über Langzeitschäden bei Erkrankten, die bislang einen schwachen Krankheitsverlauf hatten. Trotz allem scheint momentan ein Großteil der Wissenschaft die Ansicht zu teilen, dass es sich nicht um einen unkontrollierbaren, absolut tödlichen Virus handelt, dem wir als Weltbevölkerung hoffnungslos ausgeliefert wären, wie es teilweise dargestellt wurde. Unter Einhaltung bestimmter Standards geht man von einer gewissen Kontrollierbarkeit des Virus aus. Somit liegt ein Vergleich mit der Pest eher fern.[2]

Allerdings variiert die Anzahl an Toten deutlich im Ländervergleich. Selbst Industriestaaten wie die

---

[2] Literaturhinweis: Daniel Dafoes „Die Pest zu London". Hierbei beschreibt Defoe in einer fiktiven Reportage, anhand Zeitzeugenberichten, u.a. seines Onkels, den Ausbruch der Pest im Jahr 1665 in der englischen Hauptstadt.

USA, Frankreich, Spanien oder Italien litten bereits bis heute stark unter den Folgen des Virus. Im Gegensatz hierzu wurde zum Beispiel Deutschland bis Mai 2020 bezüglich der Sterblichkeit der Infizierten eher milde erwischt.

Um die Verbreitung des Virus zu verlangsamen, wurden weltweit vorher nie da gewesene Maßnahmen seitens der Politik getroffen. Auch die jeweils eingeleiteten Schritte variierten erheblich von Land zu Land, teilweise sogar innerhalb einer Region. Man hatte schon den Eindruck, dass sich ein regelrechter Wettstreit entwickelte, wer welche Maßnahmen und Ziele, wann wie erreicht. Doch insgesamt kann stark verallgemeinert ausgedrückt werden: Die Welt erlebte einen nahezu kompletten Lockdown. Es wurden selbst in freiheitlichen Rechtsstaaten Eingriffe auszugsweise in die Freiheitsrechte, Gewerberechte, Reisefreiheit und Versammlungsfreiheit notwendig. Für einen Großteil der Bevölkerung in annähernd allen betroffenen Ländern standen die Ausgangsbeschränkungen, das Abstandsverhalten zu anderen Personen und die Einschränkung der beruflichen Tätigkeit wohl im Mittelpunkt der spürbaren Auswirkungen. Geschäfte, Schulen, Universitäten, Einzelhandel, Firmen, ja beinahe das gesamte Gesellschaftsleben wurde geschlossen oder deutlich heruntergefahren. Kurz gesagt:

Die Welt kam zur Ruhe.

# Positive Auswirkungen der Krise und der getroffenen Maßnahmen

Der letzte Absatz endete mit den Worten „Die Welt kam zur Ruhe". Natürlich trifft das nicht auf jeden zu. Fragt man beispielhaft Ärzte, Pflegepersonal, Politiker oder auch Sicherheitspersonal nach ihrer Ruhephase während der Corona-Hochphase, sollte man am besten schnell das Weite suchen. Doch im Großen und Ganzen wurde die Welt „heruntergefahren" und es wurde ihr und der Mehrheit der Bevölkerung eine Verschnaufpause gegönnt.

Wenn wir uns den positiven Seiten dieser Pandemie-Erfahrung widmen, ist dieser Lockdown der Dreh- und Angelpunkt. Dieses Zurückfahren der Aktivitäten wird in diesem Buch immer wieder zur Sprache kommen und Ausgangspunkt für einige Gedankengänge sein.

Bevor wir uns jedoch den jeweiligen Auswirkungen zuwenden, möchte ich die für mich bedeutendste der Pandemie knapp beschreiben. Ich halte mich hier kurz, da sich der Begriff durch das gesamte Buch ziehen wird. Es ist die Entschleunigung.

Was versteht man unter Entschleunigung? Stöbert man durch das Internet, trifft man häufig auf den relativ neuen Begriff. Zusammengefasst versteht man hierunter, dass man der allgemeinen Beschleunigung des Lebens, versucht entgegenzuwirken. Durch den enormen digitalen Fortschritt der letzten Jahrzehnte sind wir ständig gezwungen „up-to-date" zu sein. Wir stehen unter einer permanenten Informationsflut. Ob im privaten oder beruflichen Alltag; es werden immerfort möglichst schnelle Reaktionen von uns verlangt, ob auf E-Mails, Kurznachrichten oder Anrufe. Durch die Technik entstehen für uns Möglichkeiten von bislang ungeahntem Ausmaß. Aber es bedeutet auch einen ständigen Stresstest zu bestehen. Hinzu kommen private Verpflichtungen, berufliche Termine oder auch Vereinsaktivitäten.

Durch die von den jeweiligen Regierungen getroffenen Maßnahmen wurde das öffentliche Leben jedoch plötzlich nahezu auf null heruntergefahren. Schlagartig musste man zuhause bleiben, wann immer es ging. Die unzähligen Verpflichtungen tagaus tagein fielen auf ein Mindestmaß. Plötzlich hatten wir Zeit.

Vor Corona konnte man sich auf allen medialen Wegen über die Stressreduzierung berieseln lassen. Es gab und gibt noch immer Kurse, Bücher und Veranstaltungen mit dem Ziel der Entschleunigung in dieser hektischen Zeit. Deren Daseinsberechtigung möchte ich sicher nicht bezweifeln. Doch plötzlich hatten wir nach dem Ausbruch der Corona-Pandemie auf Anraten von Virologen und Politikern ganz von selbst entschleunigt.

Durch das Reduzieren von Verpflichtungen und dem Schaffen von persönlichen, zeitlichen Freiräumen erkannten aller Voraussicht nach viele die Vorteile des Verlangsamens. Plötzlich hatten wir mehr

Zeit für uns, unsere Liebsten und mussten unsere Prioritäten neu setzen.

Im Folgenden möchte ich nun auf die einzelnen Bereiche separat eingehen. Hierbei wird die Entschleunigung regelmäßig Antrieb für Veränderungen bieten.

Ich habe den folgenden Hauptteil in verschiedene Abschnitte aufgeteilt. Zu Beginn gehe ich auf die Effekte ein, welche mit der eigenen Person zu tun haben. Also was hat der Lockdown einem selbst und dem persönlichen Selbstverständnis gebracht. Danach geht es um die Beziehungen zu nahestehenden Menschen, gefolgt vom Verhältnis zu Personen innerhalb der Gesellschaft. Anschließend sollen relevante Kernbereiche behandelt werden: z. B. Politik, Wirtschaft oder Umwelt.

# Überlegungen zum zwischenmenschlichen Umgang

## Umgang mit sich selbst

Durch die Ausgangsbeschränkungen wurde man gezwungen, sich notgedrungen zuhause mit sich selbst zu beschäftigen. In unserem normalen Leben sind wir ständig bemüht, anderen zu gefallen, sie nicht zu enttäuschen und um deren Gunst zu buhlen. In den Corona-Wochen saßen wir nun aber zuhause und hatten kaum soziale Verpflichtungen. Manche Dame wird sich morgens hingesetzt haben, wie gewohnt die morgendliche Routine, zu der auch das Schminken gehören möge, begonnen haben. Hierbei hat sie bestimmt schnell festgestellt, dass sie sich in der gegenwärtigen Zeit einmal nicht für die spöttischen Kolleginnen oder den netten neuen Mitarbeiter fein machte. Nein, sie schminkte sich tatsächlich nur für sich selbst.

Das ist ein banales Beispiel. Aber es trifft selbstverständlich nicht nur auf die kosmetikaffine Dame zu. Unzählige Menschen taten unzählige Dinge in dieser Zeit, eben gerade nicht um anderen zu gefallen. Sondern man machte die Sachen nur für sich.

Ich bin davon überzeugt, dass sich viele Leute in den vergangenen Wochen auch selbst näher kennenlernten. Es war sicherlich die ein oder andere Zerreißprobe dabei. Soll ich raus? Wohin kann ich gehen?

Was mach ich? Werde ich mich oder andere dadurch gefährden? Dann blieb man wieder mal zuhause und kam um das Selbstgespräch gar nicht herum. Es wurden Fragen zu den eigenen Wünschen und Zielen mit sich selbst besprochen. Das sind Minuten, für die man im normalen Alltag wegen Erwartungen anderer oft keine Muse hat, oder die einem gar nicht in den Sinn kommen. Jetzt spielte der Faktor Zeit jedoch einmal für uns. Man konnte sich also neu sortieren. Den aktuellen Istzustand feststellen und mögliche Veränderungen für die Zeit nach der Krise zumindest durchdenken.

Wem die Gedanken über sich und den Rest der Welt dann doch mal zu viel wurde, bekam noch weitere Gelegenheiten zur Selbstbeschäftigung. Eine der vielen positiven Auswirkungen des Lockdowns dürfte die Wiederentdeckung der Bewegung im Freien sein. Bevor einem bildlich die Decke auf den Kopf fiel, kramte man notgedrungen die alten Joggingschuhe aus dem Keller und setzte zur leichten Laufrunde im Wald oder Park an. Vielleicht wurde hier bei manchen Stubenhockern die Blockade zur Bewegung gelöst. Anzunehmen ist es, denn sobald man begonnen hat, den Sport für sich zu entdecken, kommt man meist nur schwer wieder davon los. Nun gut, das mag gründlich übertrieben sein. Aber bestimmt bleiben viele Leute wenigstens der Bewegung im Freien, beispielsweise durch Spazierengehen, treu.[3]

Während die meisten Personen vermutlich die Flucht ins Freie gesucht haben, hat ein Großteil der zwangsweise in Quarantäne versetzten Bevölkerung auch das Lesen wieder für sich entdeckt. Der Lockdown bedeutete für den Buchhandel massive Umsatzeinbußen bei den physischen Büchern, da die lokalen Buchhandlungen wie andere Geschäfte geschlossen waren. Andererseits dürfte der Umsatz im Bereich der E-Books deutlich angestiegen sein. Im Jahr 2018 lag der Absatz von E-Books in Deutschland bei rund 32,8 Millionen Stück. Dies entsprach einem Anteil von E-Books am Gesamtumsatz des Buchmarktes in Höhe von 5,7 %.[4] Durch den massiven Umsatzeinbruch im Bereich der gedruckten Bücher ist zu vermuten, dass dieser Prozentsatz deutlich gestiegen sein dürfte. Dass wegen der Quarantäne das Lesen bei vielen Personen zunimmt, ist ein erfreulicher Nebeneffekt. Dass Lesen die Allgemeinbildung erweitert, unseren Wortschatz wachsen lässt, unsere analytischen Fähigkeiten, die Aufmerksamkeit und Konzentration fördert, dürfte hinreichend bekannt sein.

---

[3] Zum Thema Sport und dem damit verbundenen Einfallsreichtum möchte ich kurz die vielen Spanier, Franzosen oder Italiener nennen, die auf Grund der kompletten Ausgangssperre teilweise sogar Langstreckenläufe auf ihrem Balkon durchführten. Hier ein Beispiel: https://www.youtube.com/watch?v=rqb46NzBIts

[4] Quelle: https://de.statista.com/themen/596/e-books/; abgerufen am 27.04.2020

Auch konnte die zusätzlich gewonnene Zeit genutzt werden, um Dinge zu erledigen, die man sonst gerne vor sich herschiebt. Bei dem einen mag es der mit Kram vollgestopfte Keller sein, welcher endlich in Ruhe gemistet wurde. Der Nächste konnte versuchen, die Abgabefrist der Steuer einzuhalten. Wieder andere hatten Gelegenheit der Wohnung oder dem betriebenen Restaurant einen neuen und belebenden Anstrich zu verpassen.

Was die Corona-Krise uns auch gelehrt hat, ist der bewusstere Umgang mit der eigenen und fremden Gesundheit. Besonders in den Industrienationen waren wir in den letzten Jahrzehnten von weitverbreiteten schweren Pandemien größtenteils verschont. Wir konnten leichtsinnig auf die Gesundheit vertrauen. Sie wurde als selbstverständlich angesehen. Durch die Corona-Krise, auch schon als „das Ebola der Reichen"[5] bezeichnet, wurde uns die Wertschätzung der eigenen Gesundheit vor Augen geführt. Vielleicht achten wir zukünftig etwas bewusster auf unseren körperlichen Zustand und den hierfür notwendigen Vorsorgemaßnahmen.

Zusammengefasst möchte ich hier zum Ausdruck bringen, wie wichtig die Zeit ist, die wir für und mit uns verbringen. Ich meine hiermit die bewusste Zeit für die eigenen Bedürfnisse und Wünsche, wie auch für unsere Gesundheit. Für Aufgaben, die uns direkt weiterbringen oder nicht ewig vor uns hergeschoben

---

[5] Quelle: Böhm, A. (16. 04 2020). Das Ebola der Reichen.Die Zeit, 7.

werden sollten. Ich möchte Sie mit diesen wenigen genannten Punkten sensibilisieren, auch in der Nach-Corona-Zeit gelegentlich innezuhalten und sich Zeit für sich ganz allein zu nehmen.

### Umgang mit nahen Personen

Im vorigen Abschnitt befasste ich mich mit uns allein. Das ist auch gut so. Doch ist unser Leben selbstverständlich von sozialen Bindungen geprägt. Die bedeutendsten sind die Familiären. Ich könnte diese noch unterteilen in die im gleichen Haushalt wohnenden und sonstigen Verwandten. Doch darauf möchte ich verzichten. Ich sehe das gesamte Konstrukt der Familie als solches. Auf die Frage „Wenn Sie einmal Familie, Beruf, Hobbys und Freundeskreis in eine Rangfolge bringen: Was ist für Sie das Wichtigste, was steht an erster Stelle?" Nannten 76 % der Befragten im Jahr 2013 die Familie.[6] In südlicheren Regionen wird die Prozentzahl erfahrungsgemäß noch höher liegen.

Und trotz des Stellenwertes der Familie glaube ich, dass uns häufig die Zeit fehlt, sich intensiv mit der Familie und den internen Baustellen zu beschäftigen. Viele Paare leben jahrelang als praktische Lebensgemeinschaft so nebeneinander her. Man geht zur

---

[6] Quelle: https://de.statista.com/statistik/daten/studie/299645/umfrage/umfrage-in-deutschland-zum-stellenwert-von-familie-beruf-hobbys-freundeskreis/; abgefragt am 27.042020

Arbeit, kommt heim, isst. Am Wochenende möchte man auch seinen Hobbys frönen. Zusätzlich dürfen Freunde, Vereinsmitglieder und engere Arbeitskollegen natürlich nicht vernachlässigt werden. Ein oder zwei Mal im Jahr geht man als Paar zusammen in den Urlaub. Man weiß dann aber auch nicht, was man da den ganzen Tag miteinander anfangen soll. So zieht sich das Jahr für Jahr, bis einer oder beide Partner merken, dass es sich hierbei um keine Partnerschaft, geschweige denn Liebesbeziehung, mehr handelt. Nach der Trennung fragt man sich später, was eigentlich das Problem war.

Über dieses Thema wurden selbstverständlich bereits ganze Bücherregale gefüllt. Doch bin ich der Überzeugung, dass auch Zeitmangel einen wesentlichen Knackpunkt darstellt. Zeitmangel für den Partner. Man wohnt so eng aufeinander, aber man lebt nicht zusammen. An dieser Stelle könnten uns die Beschränkungen der Corona-Krise ein Stück weiterbringen. Wir sollten in dieser Zeit möglichst nicht raus, wir saßen zuhause fest. Wir hatten den Streamingdienst und die Hausbibliothek bereits durch. Jetzt mussten wir uns mit dem Partner beschäftigen. Und ich glaube, viele Paare lernten sich in dieser schwierigen Zeit wieder neu kennen. Man unterhielt sich über Belangloses, aber auch Elementares. Man diskutierte und stritt. Aber man beschäftigte sich mit seinen ursprünglich als liebste Auserwählten.

Wie bereits weiter oben erwähnt, spreche ich hier aber nicht nur den unmittelbaren Partner an. Wir

23

waren bei der Familie, bei den engsten sozialen Bindungen. In der aktuell noch lange nicht vergangenen Krise konnten oder sollten wir keine Familienbesuche durchführen. Selbst, oder besonders dann nicht, wenn die Eltern, Geschwister, Opa oder Oma, krank und einsam im Krankenhaus oder Pflegeheim lagen. Wir sollten sie nicht besuchen, um sie als Risikogruppen nicht unnötig zu gefährden. Daran hielten wir uns selbstverständlich. Das war alles ein paar Tage kein Problem. In den nächsten Wochen stellten wir aber ganz schnell fest, was uns fehlte. Man möchte doch gerade in der Krankheit die Familienmitglieder besuchen. Wir wollen für sie da sein. Doch es ging nicht. Zumindest nicht physisch, um sie zu drücken oder ihnen in die Augen zu sehen. Wir merkten, was uns eigentlich so wahnsinnig wichtig ist. Jetzt wo wir das nicht machen konnten, was wir aber unbedingt tun wollten, erkannte der ein oder andere, wo er vor Corona die Prioritäten möglicherweise falsch gesetzt hatte.

Ich glaube, es ist wichtig, dass wir unser Verhalten gegenüber der eigenen Familie überdenken und bewusster wahrnehmen. Die Corona-Phase gab uns die Möglichkeit durch Entschleunigung mehr Zeit in die nahen sozialen Bindungen zu investieren. Diese Zeit sollten wir nutzen. Und wir sollten auch nach der Pandemie diese Momente möglichst fest einplanen. Wir können uns Zeit nehmen, um uns in der Partnerschaft vom Tag zu erzählen. Und dem anderen aktiv zuzuhören. Wir können passive Tätigkeiten wie

Fernsehen reduzieren und möglicherweise wieder Gesellschaftsspiele entdecken. Denn hier findet ein Austausch statt. Ein Austausch mit unseren Liebsten.

## Umgang mit anderen Menschen

Zu Beginn vorab: Im Umgang mit anderen Menschen, hat uns das Virus bereits jetzt Dinge gelehrt, die selbstverständlich sein sollten. Scheinbar wurden sie aber verlernt. Denn wenn es notwendig scheint, die Bevölkerung auf ein Niesen in den Ellenbogen, auf einen gewissen zwischenmenschlichen Abstand oder auf einen Hausarrest bei Krankheit hinzuweisen, scheint sich gesellschaftlich verbreitet ein gewisses Defizit entwickelt zu haben. Wenn uns hier Corona wieder etwas an Hygiene, Achtung des persönlichen Nahbereichs und Verantwortungsgefühl gegenüber anderen vermittelt, dann haben wir bereits einiges hinzugewonnen.

Bei diesem Unterpunkt widme ich mich allgemein dem Umgang mit den Personen, die uns möglicherweise sozial nicht allzu nahestehen. Hier geht es um all die Mitmenschen, mit denen wir tagtäglich oft nur beiläufig zu tun haben. Wir treffen sie beim Einkaufen, im Bus oder es sind Arbeitskollegen einer anderen Abteilung. Das alles sind Personen, um die wir uns vor Corona nicht allzu viele Gedanken gemacht haben. Natürlich kann man sich nicht um alle intensiv kümmern, aber die meisten dürften einen ausgeprägten Egoismus bezüglich dieser Personengruppen an den Tag gelegt haben. Es interessierte wenig, wie es den etwas fernen Arbeitskollegen oder den ebenfalls wartenden Personen an der Supermarktkasse so ging. Vielleicht verändert sich hier gerade etwas. Es interessiert in der momentanen Lage sehr wohl, wie es den Personen geht, die uns nahetreten. Das mag selbstverständlich ebenfalls an unserem Egoismus liegen. Wir wollen wissen, ob hier eine konkrete Gefahr einer Ansteckung mit SARS-CoV-2, oder anderen Krankheiten, besteht. Aber es könnte auch einen gewissen Impuls bedeuten. Ein Ansporn, sich für andere zu interessieren.

Bereits in den ersten Wochen der Krise empfand ich persönlich ein unheimlich schönes Gefühl. Ich erkannte etwas, worauf ich entweder bislang kaum geachtet hatte oder es entwickelte sich plötzlich stark. Und ich meine gerade nicht die Ausbreitung des Virus. Nein, ich sah an allen Ecken und Enden Hinweise auf eine Zusammengehörigkeit, auf Ziele und Werte und auf gemeinsame Interessen. Kurz: Ich nahm Solidarität wahr.

Es wurde schnell erkannt, dass wir alle in einem Boot sitzen. Es gab und gibt Personen, die nach bisherigen Erkenntnissen gefährdeter sind als andere. Hierzu zählen ältere Menschen. Somit wurden Nachbarschaftseinkäufe plötzlich organisiert, sodass nicht jeder der Gefahr einer Infektion ausgesetzt wurde. Man blieb gemäß den politischen und medizinischen Empfehlungen zuhause, um andere möglicherweise zu schützen. Es wurden für das kollektive Wohl unsere Freiheiten zurückgeschraubt.

Solidarität ist laut Duden ein unbedingtes Zusammenhalten mit jemandem aufgrund gleicher Anschauungen und Ziele. Es betrifft also immer Mitglieder einer Gruppe. Diese Gruppe kann aus Familienmitgliedern, aus der Nachbarschaft, dem eigenen Volk oder einer gewissen Gesellschaftsschicht bestehen. Oder eben auch aus der Gruppe der von einem Virus bedrohten kollektiven Menschheit.

Wir dürfen hier unsere Solidarität an tatsächlichen oder geistigen Grenzen nicht enden lassen. Es macht Sinn, dass während der Krise die Ländergrenzen für den freien Personenverkehr kurzzeitig geschlossen wurden. Hierdurch sollte der ungeordnete Austausch und somit die Verbreitung des Virus möglichst eingeschränkt werden. Doch darf hier unsere Solidarität nicht enden. Die uns allen gestellten Herausforderungen sollten genutzt werden, um zu begreifen, dass das Virus nur gemeinsam besiegt werden kann.

Als mögliches Beispiel könnte die Stadt Konstanz am Bodensee mit ihrem direkten Nachbarn Kreuzlingen gelten. Die beiden Städte sind normalerweise lediglich durch eine Kunstgrenze getrennt, wobei die Kunstwerke den groben Grenzverlauf markieren. Zur Corona-Zeit wurde dort ein wackeliger Bauzaun bedarfsmäßig aufgestellt. Dieser sollte den Personenverkehr, welcher zwischen beiden Städten normalerweise stattfindet, beschränken. Erst jetzt wurde den Bürgern der jeweiligen Grenzgebiete offenbar klar,

27

was ihnen fehlt, wenn sie sich nicht frei hin- und herbewegen können. Zur möglichen Eindämmung der Pandemie mögen solche geschlossenen Grenzen für einen sehr begrenzten Zeitraum Sinn machen. Doch sind wir alle von unseren Nachbarn, worunter ich ganz bewusst allgemein die internationale Gemeinschaft zähle, letztlich abhängig. Es muss sich gegenseitig unterstützt und nach Corona gemeinsam voneinander profitiert werden.

Durch die stille Gefahr einer möglichen Abschottung wird deutlich, dass wir uns als Ganzes betrachten müssen. Die Seuche tangierte uns alle als Gesamtheit. Es konnte sich keiner zurückziehen und behaupten, es würde ihn nichts angehen. Es waren auch alle Gesellschaftsschichten betroffen. Dieses Mal war es nicht ein Ebola-Virus, der aus Sicht der wohlhabenden Industriestaaten „ja nur den letzten Winkel in Afrika" erschüttert, und wir einen kleinen Zeitungsartikel pro Woche als ausreichend Mitgefühl betrachten. Nein, es betraf uns dieses Mal alle. Ob arm oder reich, Afrika oder Europa, Sibirien oder Argentinien, politische Führungspersönlichkeit oder Hilfsarbeiter in der Firma. Durch den Corona-Virus lernten wir möglicherweise schneller, wie wichtig es ist uns als kollektive Menschheit zu betrachten. Das ist schon längst überflüssig. Jetzt bietet sich dafür eine gute Gelegenheit.

# Gesellschaftliche Überlegungen

In der Corona-Krise erlebten wir Einschränkungen, mit denen im modernen Mitteleuropa im Jahr 2020 keiner mehr gerechnet hätte. Wir wurden unter Hausarrest, bei Erkrankung unter Quarantäne, gesetzt. Wir durften keine Zusammenkünfte im Freien von mehr als zwei Personen veranstalten. Wir konnten nicht mehr die vorher offenen Grenzen ins Nachbarland überschreiten. Das sind nur drei Beispiele von zahllosen Einschnitten in unsere gewohnte Freiheit. Das Privileg tun und lassen zu können was wir wann und wo wollen. In dieser Freiheit wurden wir eingeschränkt. In den ersten Wochen der Krise, als in den Medien die italienischen Militärkolonnen beim Abtransport der unzähligen Leichen kursierten, fiel es der Mehrheit der Bevölkerung noch nicht schwer, zuhause zu bleiben. Auch den Ratschlägen der Regierung und der Virologen wurde gefolgt. Schnell kam jedoch Unruhe auf. Es ist verständlich, da der Mensch den Drang nach draußen verspürt. Doch wenn man ehrlich ist, es wurde mal wieder auf sehr hohem Niveau gejammert. Das Einzige, was vom Einzelnen abverlangt wurde, war zuhause zu bleiben. Das war grundsätzlich erst mal alles. Aber selbst das gelang vielen nicht.

Auch möchte ich den religiösen Bereich nicht unerwähnt lassen. Durch die getroffenen Maßnahmen wurden unzählige Gläubige aller Gemeinschaften nicht unerheblich in ihrer Religionsausübung eingeschränkt. An dieser Stelle soll auch an die Vertreter der Glaubensgemeinschaften und deren Anhängern ein Dankeschön gerichtet werden. Dafür, dass sich zum Schutz der Menschen an die gesellschaftlichen Spielregeln gehalten wurde. Hier bewiesen gerade die großen Gemeinschaften die sonst so oft gepredigte Solidarität und Nächstenliebe. Wenn elementare Zeremonien, wie z. B. im Christentum die Eucharistiefeier, nicht gemeinsam gefeiert werden konnten, wurde der Glaube durch die Anhängerschaften auf anderem Wege im kleinen Kreis gelebt. Auch seitens der Deutschen Bischofskonferenz in Anlehnung an die Empfehlungen des Ethikrates wurde ein Beitrag zur Bekämpfung der Pandemie geleistet. Die Kirche hat ebenfalls eine gewisse Flexibilität bewiesen. Es wurden vermehrt Online-Gottesdienste gefeiert und die Mitarbeiter der örtlichen Gemeinden waren weiterhin, vielleicht sogar intensiver, für ihre Mitglieder vor Ort da. Unter Umständen hat die Krise auch den Glaubensgemeinschaften neue Möglichkeiten und Wege aufgezeigt. Dies gilt es abzuwarten.

**Geschichtlicher Denkansatz**

Ich komme nun zu einer leicht geschichtlichen Betrachtung. Dies aus folgendem Grund: Wir beklagten uns in unserer modernen, technologischen Welt darüber, lediglich zuhause bleiben zu müssen. Bei all unserem Luxus. Wir hatten Speis und Trank, wir hatten Unterhaltungsmedien, wir konnten den fernen

Liebsten in Echtzeit Fotos und Videos schicken, wir konnten uns online nahezu jeden Wunsch erfüllen. Und wir beklagten uns trotzdem noch.

Verglichen mit den unmenschlichen Erfahrungen unserer Vorfahren, die sich in Kriegszeiten wochenlang, nein, monatelang, fernab jeglicher Zivilisation unter ständiger Todesangst und ohne Kontakt zur Heimat am letzten Grashalm der Hoffnung entlanghangeln mussten, sollten wir uns schämen. Unsere Groß- und Urgroßväter und -mütter hatten keinerlei Ahnung, ob die Person, auf welche man sich unzählige Monate freute, nicht schon längst verstorben war. Verstorben durch sinnlose Gewalt an der Front oder durch fehlende Mittel zuhause. Es konnten keine täglichen Erlebnisberichte mit sofortiger Antwort versandt werden. Man konnte sich nicht mit Streamingdiensten die tatsächlich lange Zeit des Wartens vertreiben. Über einen tragischen Mangel an Toilettenpapier würden sich unsere Vorfahren totlachen, wenn sie nicht schon anderweitig gestorben wären.

Man kann mir an dieser Stelle gerne vorwerfen, diese alte Leier vom Krieg ausgegraben zu haben. Doch es ist wichtig, sich hierüber Gedanken zu machen. Wir alle können uns nicht mehr in unsere Großeltern reinversetzen, weil uns diese Erfahrung zum Glück erspart wurde. Doch mit nur wenig Vorstellungsvermögen und Objektivität sollte jedem schnell klar werden, dass unser Gejammer wegen den Corona-Beschränkungen von Respektlosigkeit gegenüber unseren Vorfahren oder Menschen, welche aktuell in Kriegsgebieten leben, kaum zu toppen ist.

Unerklärlich sehe ich Äußerungen, dass die Maßnahmen der Politik während der Corona-Krise an eine Diktatur erinnern würden. Hierbei wird auf die Beschränkungen der persönlichen Freiheiten angespielt. Doch wie können Menschen, die ihre Meinungsäußerung und Versammlungsfreiheit auf Demonstrationen gegen die Maßnahmen der Regierung wahrnehmen, demselben Land, wo sie diese Demonstration abhalten, gleichzeitig vorwerfen, ähnlich einer Diktatur zu handeln? Ist das nicht absurd?

Auch im Rahmen dieses Gedankenganges möchte ich nochmals auf unsere Vorfahren verweisen. Unter Beachtung des Leides der Menschen in vergangenen und noch aktuellen Willkürherrschaften, dürfen wir unsere Beeinträchtigungen des persönlichen Lebens während der Corona-Krise nicht mit selbigen in einer Diktatur vergleichen. Einige Merkmale einer solchen möchte ich hier kurz erwähnen: Abschaffung von Grundrechten, keine funktionierende Gewaltenteilung, politische Vielfalt wird unterdrückt, Freiheit der Presse wird abgeschafft, und so weiter.

Wie kann ein Staat, beim Versuch das Land vor einer gesundheitlichen Schädigung zu schützen, mit einer Diktatur verglichen werden? Es wurden Grundrechte vorübergehend eingeschränkt, nicht abgeschafft. Es blieb weiter bei der demokratischen Gewaltenteilung, in welcher sich auch die Judikative mit der Kontrolle der Legislative beschäftigte.[7] Die politische Pluralität wurde weiterhin gewahrt, es wurden keinerlei Bestrebungen hinsichtlich einer Einheitspartei erkennbar. Und die Presse wurde in keiner Weise zensiert. Dies zeigte die vielfältige Berichterstattung in den Tageszeitungen und sonstigen Medien. Eine positivere Betrachtung der Einschränkungen könnte sein, dass wir die Beschränkungen weniger als Einschnitte versuchen zu verstehen. Wir sollten sie als unser aller Beitrag zur Gesellschaft und Entgegenkommen für den Staat, in welchem wir leben dürfen, sehen.

Ich hoffe, dass wir alle eine solche Pandemie nie wieder erleben müssen. Sollte dies aber erneut der Fall sein, vielleicht können sich manche Menschen mehr in Zurückhaltung üben. Zurückhaltung im Ausdruck ihrer angeblich so furchtbaren Situation. Vielleicht sollten wir öfters einen kurzen Blick zurück auf ältere Dekaden werfen und hierbei feststellen, wie gut es der Mehrheit trotz allem geht.

Im geschichtlichen Kontext betrachtet, kann diese Krise für die kollektive Menschheit auch einen Wendepunkt bedeuten. Dies war bereits bei anderen großen Katastrophen der Fall. Der Dreißigjährige Krieg führte durch die Flucht vieler Maler ins Ausland bei deren Rückkehr zum Triumph des Barock. Das

---

[7] Beispiel: BVerfG, Beschluss der 1. Kammer des Ersten Senats vom 10. April 2020- 1 BvQ 26/20 -, Rn. (1-15)

Erdbeben von Lissabon 1755 wird als einer der Aus-
löser der Aufklärung in Europa betrachtet.[8]

Was kann das für uns bedeuten? Vielleicht müssen
die Auswirkungen der Corona-Krise im Ausmaß
nicht deren der oben genannten Beispiele gleichen.
Dennoch mehrten sich schnell die Vermutungen, dass
die jetzige Pandemie richtungsweisende Veränderungen mit sich bringen wird. Wie diese konkret ausse-
hen, kann im Juni 2020 noch nicht beurteilt werden.
Dass es aber zu Verschiebungen in der persönlichen,
aber auch kollektiven Sichtweise kommen wird,
scheint sehr wahrscheinlich. Wir können diese Erkenntnisse und Veränderungen annehmen und nutzen. Sollten wir allerdings nicht bereit sein, entsprechend umzudenken, muss uns bewusst sein, dass wir
uns hierfür irgendwann gegenüber unseren Nachfahren für unsere Engstirnigkeit rechtfertigen müssen.

**Politischer Denkansatz**

Im Folgenden spreche ich am Rande auch politische Bereiche an. Politik ist für viele bereits an sich ein
Reizthema. Jedwede politischen Pläne, Entscheidungen und Entwicklungen führen teils zu äußerst kont-
roversen Diskussionen oder gar Streitigkeiten auf allen medialen Ebenen. Es scheint oft unerheblich zu
sein, von welcher Partei der Vorstoß gerade kommt.

---

[8] Quelle: Fichtner, U. (18. 04 2020). Am Anfang war das Virus. Der
Spiegel, S. 11.

Es gibt immer etwas zu meckern. Hierbei handelt es sich einerseits um einen wichtigen Bestandteil der Demokratie. Diese lebt davon, anderer Meinung zu sein, diese sagen zu dürfen, Gegenpositionen einzunehmen und dadurch andere zu kontrollieren. Als Autor distanziere ich mich bei den hier getroffenen Gedankengängen von einzelnen politischen Parteien oder deren Statements. Meine Äußerungen sollen den freien, gesunden Menschenverstand ansprechen. Politische Vielfalt und unterschiedliche Denkansätze sehe ich als elementar.

Oft entstand in den letzten Jahren oder gar Jahrzehnten jedoch der Eindruck, dass die politisch fundierte, qualitative und konstruktive Kritik merkbar abnahm. Mit Hilfe der sozialen Medien ist es einfach, in jedem Moment sofort irgendeine Reaktion abzugeben, ohne intensiv darüber nachzudenken. Es wird kommentiert, kritisiert und gehetzt. Und genau hierin besteht ein großes Problem. Hier könnte man sich jetzt seitenweise über Fake News, mediale Hetze und das grundrechtlich geschützte Gut der Meinungsfreiheit auslassen. Es würde aber das Thema verfehlen.

Zu Beginn der Corona-Krise in Deutschland Mitte März hatte man den Eindruck, dass unqualifizierte Äußerungen über die sozialen Medien deutlich weniger wurden. Es schien, als höre der Bürger genauer hin. Er nehme sich zurück mit wilden Kommentaren und den sonst üblichen Schuldzuweisungen. Es sah aus, als machten die Bilder der Totentransporte aus Italien Eindruck. Man erkannte die Ernsthaftigkeit dieser drohenden Gefahr. Man hangelte sich an die erhofften Wirkungen politischer und medizinischer Entscheidungen. Und hielt sich zurück mit vorlauten Aufschreien. Wirkte diese Zeit der durchdachten und vorsichtigeren Meinungsäußerung nicht gehaltvoller? Angenehmer? Konstruktiver?

Hier sehe ich einen guten Ansatz und Hoffnung. Auch wenn bereits nach wenigen Wochen der scheinbaren Einkehr und Zurückhaltung die soeben bemängelten, teils unangemessenen, Anmerkungen gleichermaßen zunahmen. Doch es kann hieraus vielleicht neu gelernt werden, dass man sich der Komplexität der Dinge, wie beispielsweise politischer Entscheidungen, zunächst bewusst werden sollte. Anschließend sollte man seiner Meinung grundsätzlich die Möglichkeit geben sich zu entwickeln, diese zu reflektieren und erst dann auf qualifizierte Weise, gern auch über soziale Medien, zu äußern.

Ich kritisiere hier keineswegs die freie Meinungsäußerung. Auch nicht die großartige Möglichkeit, sich über soziale Medien kritisch austauschen zu können. Aber ich kritisiere die verschwenderische Nutzung. Meine Hoffnung besteht darin, dass wieder gelernt wird, sich zunächst durch verschiedene Quellen eine Meinung zu bilden und diese dann in niveauvolle Äußerungen zu packen. Möglicherweise führen die schockierenden Bilder und ungeahnten Folgen dieser Pandemie doch zum bewussteren Umgang mit voreiligen Verurteilungen von politischen Entscheidungen. Wenn ein Grundstock an Vertrauen gegenüber staatlichen Führungspersönlichkeiten erreicht wird, ist bereits vieles gewonnen. Anschließend spricht nichts gegen eine demokratische und fundierte Kontrolle der einzelnen Organe.

Es entstand auch der Eindruck, dass in den ersten Wochen der Corona-Pandemie den politischen und medizinischen Entscheidungsträgern dieses Grundvertrauen entgegengebracht wurde. Es wurde zugehört, mitgedacht und analysiert. Und erst dann geurteilt. Es täte der politischen Entwicklung gut, wenn wir dieses Verhalten für die Zukunft festigen könnten.

Mich hat während der ersten Wochen der Pandemie das auffallende Schweigen vieler Oppositionsparteien und Ideologien-Vertreter besonders beschäftigt. Es war nichts zu hören. Weder vom rechten noch vom linken Flügel wurden konstruktive Ideen zur Bekämpfung der gesamtheitlichen Gefahr durch das Virus beigetragen. Ich beziehe mich hier hauptsächlich auf die deutsche politische Bühne. In anderen Ländern dürfte dies jedoch nicht entscheidend anders gewesen sein. Einerseits muss man den sonst so fleißig kritisierenden Akteuren eine gewisse Art von Anstand zuteilwerden lassen. Wenigstens konnten sich somit die Verantwortlichen der regierenden Parteien auf das Wesentliche, nämlich die Bekämpfung der Pandemie, konzentrieren.

Andererseits, und hier möchte ich niemanden der schweigenden Fraktionen und Verbände ausnehmen, wäre dies eine Möglichkeit gewesen, positiv für das

Land, unabhängig von den sonst gängigen Querelen, zu agieren. Es hätten parteiübergreifende Maßnahmen besprochen werden können. Man hätte sich einbringen können. Ich möchte mir nicht einen tiefen Einblick hinter die Kulissen anmaßen. Natürlich werden manche tatsächlichen Unterstützungsangebote an die politischen Entscheidungsträger lediglich nicht publik. Was man aber als Teil dieser Bürgerschaft wahrnehmen konnte, hatte wenig mit gemeinschaftlicher, konstruktiver Krisenbekämpfung seitens der politischen Randbewegungen zu tun.

Womöglich können wir hieraus etwas lernen. Die schweigenden Parteien und Vertreter von politischen Ansichten sollten sich bei einer zukünftigen Krise solchen Ausmaßes unter Umständen mehr auf ihre Möglichkeiten konzentrieren, wie sie ihrem Land und den Bürgern tatsächlich und aktiv helfen können. Vielleicht können in solchen Seuchenzeiten sonstige parteiliche Differenzen ein Stück weit beiseitegelegt werden und man könnte an einem Strang ziehen. Auf der anderen Seite haben auch die Bürger jetzt die Möglichkeit, politisch aus der Krise zu lernen. Für zukünftige Wahlen oder sonstige Unterstützungen könnten sie das Verhalten und die positiven Beiträge ihrer Interessenvertretung an der Corona-Bekämpfung kritisch reflektieren.

Spannend ist auch die Frage, wie sich auf Abschottung geprägte Bewegungen nach der Krise positionieren werden. Werden manche erkennen, dass sich durch Eigenbrötlerei ein Virus nicht komplett aufhalten lässt? Dass gemeinsame, über Ländergrenzen hinausgehende Maßnahmen und Absprachen getroffen werden müssen. Oder werden sie die Wiedereinführung der Grenzkontrollen und die Begrenzung des freien Personenverkehrs als Argument für künftige Distanzierung vom internationalen Nachbarn heranziehen?

Doch sollte jedem einleuchten, dass man mit Schließung von Ländergrenzen keine Pandemie bekämpfen kann. Es bliebe schließlich weiterhin bei einem Austausch z. B. aufgrund von Urlaubsreisen, Warenlieferungen und Geschäftsreisen. Um eine Ausbreitung des Virus zu verhindern, dürften letztendlich keine Autos, Schiffe und Flugzeuge mehr unterwegs sein. Dann könnten wir den Erreger zwar regional einsperren, befänden uns aber sicherlich auch mindestens zweihundert Jahre zurückversetzt.

Somit bleibt keine Alternative, als dass wir als globale Menschheit denken. Nur wenn wir gemeinsam an einem Strang ziehen, finanzielle und humanitäre Hilfen austauschen, können wir eine weitere Pandemie eindämmen oder bekämpfen.

Zum Thema Grenzschließungen möchte ich noch eine Bemerkung anfügen. Seit vielen Jahren oder gar Jahrzehnten leben wir in einem Europa, das von offenen Grenzen geprägt ist. Wir können reisen, wohin wir wollen, wir können uns niederlassen, wo wir wollen. Teilweise wohnen Menschen in dem einen Land und arbeiten im anderen. Die familiären Bindungen sind nicht mehr durch Ländergrenzen getrennt. Man kann ins Land nebenan, weil dort das Benzin günstiger ist, dafür kommen die Nachbarn zum Wocheneinkauf zu uns. Man ist es gewohnt, mal schnell „rüber" zu gehen. Während der Corona-Krise war dies alles nicht möglich. Plötzlich war dort wieder ein Zaun. Und erst jetzt wurde vielen Menschen bewusst, wie sehr man von dem jeweiligen Nachbarstaat abhängig ist und wie wenig tatsächliche Aufmerksamkeit man sich bislang schenkte. Es tat weh, die vielen durch Grenzen getrennten Liebenden an den Zäunen zu sehen. Es war nicht mehr möglich, den Spielplatz der Nachbargemeinde zu besuchen oder zum Joggen auf Schweizer Terrain auszuweichen.

Das sind gesamtheitlich betrachtet nur Kleinigkeiten. Aber sie beschreiben die Freiheiten, die uns die letzten Jahrzehnte normal, einfach gegeben, vorkamen. Während der Seuche wurden durch die getroffenen Beschränkungen Rechte eingeschränkt, die sich unsere Vorfahren hart erkämpfen mussten. Ob die Freiheit der Person, Freizügigkeit, Glaubensfreiheit, Versammlungsfreiheit oder die Gewerbefreiheit. Die Mehrheit der heutigen Generationen konnten sich vor Corona ein Leben ohne diese Privilegien wohl gar nicht mehr vorstellen. Möglicherweise hat uns die Krise gezeigt, was es zu schätzen gilt.

### Wirtschaftlicher Denkansatz

Nun will ich lediglich am Rande auf die wirtschaftlichen Aspekte dieser Pandemie eingehen. Zum einen

sollen in diesem Buch insgesamt die positiven Auswirkungen der Corona-Krise hervorgehoben werden.
Zum anderen werden zu den dramatischen nationa-
len und globalen wirtschaftlichen Nachwehen zukünftig bestimmt Bücherregale gefüllt werden. Dass
der krisenbedingte Lockdown für unzählige Betriebe
ein finanzielles Fiasko darstellte, lässt sich nicht
schönreden.

Dennoch konnte man manche Punkte wahrnehmen, die zumindest für den Einzelnen eine positive
wirtschaftliche Lehre mit sich bringen könnte. Aber
auch gesellschaftliche Perspektiven konnten durch
die Krise neu justiert werden. Von diesen Punkten
sollen einzelne angesprochen werden, um trotz allem
eine optimistische Sicht auf die Dinge bewahren zu
können.

Die meisten von uns lebten vor der Corona-Krise
in einem Meer von Luxus. Im Rahmen der individu-
ellen finanziellen Möglichkeiten konnten wir uns neben den elementaren Bedürfnissen auch die meisten
Wünsche erfüllen. Doch was versteht man unter Luxus? Die Definition laut Duden: kostspieliger, ver-
schwenderischer, den normalen Rahmen überstei-
gender, nicht notwendiger, nur zum Vergnügen be-
triebener Aufwand. Dieser Aufwand kann sich auf finanzielle Werte, aber auch Immaterielles, beziehen.
Wir konnten uns vor Corona nahezu jeden Luxus
gönnen. Sämtliche Wünsche konnten befriedigt werden, weil in den Industriestaaten annähernd alles im
Überfluss vorhanden ist. Man könnte nun darüber

diskutieren, ob es sich denn überhaupt noch um Luxus handelt, wenn es ständig frei verfügbar ist. Aber mir geht es an dieser Stelle um etwas anderes. Die Frage ist, warum wollen wir denn immer etwas, das eigentlich überflüssig ist und das wir gar nicht brauchen? Ich glaube, wir hatten uns hierüber nur keine Gedanken mehr gemacht. Wir konsumierten zum Vergnügen und verschwendeten Güter nach Belieben. Es hat uns schlicht nicht mehr interessiert, woher die Waren kommen und ob wir sie denn überhaupt brauchen.

Dann kam die Krise mit ihren Einschränkungen und unterbrochenen Lieferketten. Plötzlich wurden Toilettenpapier und Hygieneartikel zu wahrem Luxus. Oder Hefe war in vielen Supermärkten tagelang ausverkauft. Vor Corona machte man sich bestimmt keine Sorgen über die Verfügbarkeit solcher Produkte. Plötzlich aber wurden die Güter knapp und man stellte schnell fest, dass eben nicht alles im Überfluss ständig verfügbar ist. Diese Erkenntnis sollte man sich in Zukunft stets bewusst werden und verinnerlichen. Es ist nicht alles unbegrenzt verfügbar.

Die zweite daraus folgende Erfahrung ist, dass es trotzdem weiterging. Dass nicht alles im Überfluss benötigt wird. Man muss nicht tagtäglich losrennen und sich die neuesten Klamotten zulegen, spontane Wünsche erfüllen oder dem Nobelitaliener ums Eck einen Besuch abstatten. Das sind Beispiele für Angelegenheiten, die wir aufgrund der Ausgangsbeschränkungen und des Lockdowns nicht spontan machen konnten. Aber wir merkten, dass es auch ohne diese Dinge funktionierte. Und ich behaupte, es ging uns trotzdem überhaupt nicht schlecht. Hiermit soll sicherlich nicht die Einnahme des Nobelitalieners ums Eck geschmälert werden. Doch verlieren wir in unserer Überflussgesellschaft oft den Fokus aus den Augen, was denn wirklich notwendig ist oder aber, was wir uns nur bewusst leisten wollen. Diesen Fokus dürften wir gerne wieder etwas schärfen, um unser Bewusstsein für unseren alltäglichen Konsum zu erneuern.

Durch das Reduzieren von maßlosem Verbrauch könnte man vielleicht sogar die Vorzüge eines möglichen Minimalismus schätzen lernen. Wenn man bewusster lebt und konsumiert, fällt einem schnell auf, was man wirklich braucht. Das kann bei Kleinigkeiten anfangen. Diese könnten sein: Kleiderschrank ausmisten und klein halten, Versicherungen und Abos reduzieren, den Urlaub im eigenen Land mit Ausflügen verbringen, die Anzahl der dem Haushalt angehörigen Fahrzeuge kritisch hinterfragen oder den Lebensmittelkauf darauf einschränken, was man die nächsten Tage auch wirklich verbrauchen kann.

Ein weiterer wirtschaftlicher Vorteil, wenn man sich ein wenig zurücknimmt, wurde bestimmt allen während den Corona-Beschränkungen bewusst. Dadurch, dass uns die Möglichkeiten genommen wurden, maßlos zu konsumieren, den Online-Handel zunächst mal ausgenommen, konnten wir auch nicht übermäßig Geld ausgeben. Man konnte beim

Spaziergang durch die Stadt keine neuen Klamotten, die man nicht braucht, keine überteuerte Zwischenmahlzeit, die ungesund ist oder den ach so grandiosen Modeschmuck mal schnell kaufen. Man saß zuhause oder ging ohne die oben genannten Beispiele nur spazieren. Ich möchte behaupten, es hatte jeder wegen seinem aufgedrängten, geänderten Ausgabeverhalten am Monatsende einen kleinen Restbetrag übrig. Dies kann uns die Möglichkeit von Einsparungen verdeutlichen, wenn wir uns nur etwas disziplinieren. Vielleicht hat die Krise dem ein oder anderen, in Kombination mit dem bereits erwähnten bewussten Konsumverhalten, Einsparpotenziale aufgezeigt, welche er nach ebendieser beibehalten kann. Das zusätzlich Gesparte kann wiederum für sinnvolle Investitionen, wie die private Altersvorsorge oder den Erwerb von Sachwerten genutzt werden.

Zum Thema „maßloses Konsumverhalten" passend sollen die folgenden Gedanken nicht unerwähnt bleiben. Unsere Gesellschaft in den westlich geprägten Ländern war vor der Corona-Krise, wirtschaftlich betrachtet, von purem Kapitalismus geprägt. Dieser hat uns mit Sicherheit den Wohlstand erbracht, den wir vor und auch nach der Krise haben und genießen dürfen. Dennoch entstand der Eindruck, der Kapitalismus sei alleinig für das Wohlergehen der Bevölkerung verantwortlich. Es musste immer weiter gehen, stets noch mehr finanziell herausspringen und die nächste Stufe erreicht werden. Hieran bestand keinerlei Zweifel, dass es sich um den einzig richtigen und erstrebenswerten Weg handelt. Der Virus lehrte uns etwas Besseres. Er zeigte uns auf, dass neben den wirtschaftlich sicher wichtigen Zielen, auch über den Tellerrand hinausgeschaut werden sollte. Hinaus auf wissenschaftliche Erkenntnisse und Theorien, die möglicherweise noch nicht bestätigt sind. Hier sei eine Risikoanalyse des 2004 gegründeten Bundesamts für Bevölkerungsschutz und Katastrophenhilfe erwähnt, die der Bundesregierung schon 2012 vorlag, in welchem deutliche Parallelen zur tatsächlich eingetretenen Corona-Pandemie erkennbar sind. [9] Ich möchte mich eindeutig von irgendwelchen Verschwörungstheorien distanzieren und auch keine Vorwürfe ähnlich „hätte man bloß" in den Raum werfen. Die Eintrittswahrscheinlichkeit einer solchen Seuche begründete damals in Relation zu anderen Baustellen politischer Arbeit nicht genug Handlungsbedarf. Dies hat sich im Nachhinein dann anders dargestellt. Aber vielleicht können wir und insbesondere politische und wirtschaftliche Entscheidungsträger, in künftigen Zeiten verstärkter (natur-) wissenschaftliche oder medizinische Erkenntnisse, aber auch Forschungsstände, mehr in die jeweiligen Entscheidungen einbeziehen. Hoffentlich bekommt mancher Fachbereich wissenschaftlicher Forschung in Zukunft mehr Gehör, dem bislang die Lobby fehlte.

Stichwort Lobby. Hier wären wir bei einem weiteren entscheidenden Punkt, den wir aus der Corona-

---

[9] S. hierzu: Drucksache 17/12051 des Deutschen Bundestages

Krise lernen können. Es geht um die Wertschätzung bestimmter Berufsgruppen. Als erste seien die Pflegeberufe genannt, egal ob Krankenschwestern, Alten- und Krankenpfleger oder auch Kinderbetreuer in entsprechenden Einrichtungen. Die schlechten Arbeitsbedingungen bei noch schlechterer Bezahlung sind seit Jahren bekannt. Doch erhielten die Angehörigen dieser Berufe kaum Gehör. Es fehlte ihnen bislang die Lobby. Es sollte unser aller Anliegen sein, die Arbeitsbedingungen und Vergütungen dieser sozialen Berufsgruppen zu verbessern. Die Corona-Krise hat der Menschheit in den meisten Ländern der Welt vor Augen geführt, wie wichtig diese Berufe für das Allgemeinwohl sind. Pflegepersonen wurden endlich als Helden gefeiert, die sie auch vorher eigentlich schon immer waren. Doch sie waren zuvor lediglich die stillen Heinzelmännchen. Ob nachts oder am Wochenende, knochenharte Schichten in Teils psychisch belasteten Situationen. Und das, im Vergleich, zum Hungerlohn. Gleiches trifft auf viele Berufe zu, welche vor der Corona-Pandemie wenig Gehör erhielten. Die Supermarktmitarbeiter, welche uns auch während der Krise mit Lebensmittel versorgten. Die Lkw-Fahrer, welche fleißig stundenlang über Autobahnen bretterten, um Nachschub am notwendigsten zu gewährleisten. Die Postboten, die uns unermüdlich unsere Online-Bestellungen und Briefe der fernen Verwandtschaft nach Hause lieferten. Das waren nur beispielhafte Aufzählungen. In Zukunft sollte bewusster hingesehen werden. Es waren nicht die großen

Wirtschaftsbosse und Finanzjongleure, die in der Krise für uns da waren. Nein, es waren die vielen sonst so unscheinbaren Berufsgruppen, denen die Lobby fehlt.

Das muss sich ändern. Wir haben jetzt die Möglichkeit diesen Berufen die Wertschätzung zukommen zu lassen, die ihnen zusteht. Sicher können die Bedingungen nicht von heute auf morgen verbessert werden und bedürfen auch umfangreiche Finanzierungsmittel. Aber wir können Initiativen unterstützen, Appellen Gehör verschaffen und durch politische und wirtschaftliche Entscheidungen die Weichen richtigstellen. Das ist eine wichtige Lehre aus der Krise, wo es kein Zurück zu Vor-Corona-Verhältnissen geben darf.[10]

---

[10] S. hierzu: Schmergal, C. (18. 04 2020). Arme Helden. Der Spiegel, S. 36.

# Umweltaspekte

Der Corona-Virus versetzte kurzerhand die Welt in eine Ruhepause. Fabriken standen still, die Autobahnen und Innenstädte waren nahezu leergefegt und Flugzeuge blieben häufig am Boden. Uns allen wurde eine Zwangspause verpasst. Einer der großen Gewinner der vorübergehenden Ruhe scheint die Natur gewesen zu sein.

Seit das Leben z. B. in China heruntergefahren wurde, verbesserte sich die dortige Luftqualität enorm. Verglichen mit dem Vorjahreszeitraum sank die Konzentration von Stickstoffoxid in diesem Bereich erheblich. Sehr anschaulich ist das auf verschiedenen Weltraumaufnahmen ersichtlich.[11]

Bei früheren Krisen konnten schon Rückgänge messbar dargestellt werden, jedoch noch nie in solchem Ausmaß. Dass das Ausbleiben von Verkehrsstaus, Ruhen von Fabrikschloten und die Summe der kleineren und größeren Emissionssünden einen positiven Effekt auf die belastete Natur haben müssen, ist vermutlich jedem einleuchtend. Dass es jedoch in diesem Maße anschaulich präsentiert werden kann, hätten viele Klimawandel-Verleugner sicher nicht gedacht.

---

[11] Siehe hierzu: https://earthobservatory.nasa.gov/images/146362/airborne-nitrogen-dioxide-plummets-oveer-china; abgerufen am 29.04.2020

Dass es in diesem Zusammenhang auch zu Falschmeldungen kommt, ist klar. Venedigs klarer scheinende Kanäle sind eher auf mäßig aufgewirbeltes Sediment zurückzuführen als auf plötzliche Gewässergenesung. Dennoch kann nicht bestritten werden, dass die Reduzierung des Bootsverkehrs von Vorteil für die Wasserqualität sein muss. Oder auch der deutliche Einbruch des Flugverkehrs kann sich nur positiv auf die Emissionen auswirken.[12]

Es haben sich also in vielen Großstädten die Stickoxidbelastungen halbiert, Deutschland wird sogar sein Klimaziel für 2020 entgegen allen Erwartens erreichen und Delfine werden in vielen europäischen Häfen wieder gesichtet. Von kaum jemanden wird bezweifelt, dass es sich hierbei um wünschenswerte Nachrichten handelt. Auch könnte die Liste der positiven Umweltauswirkungen durch den Lockdown während der Corona-Krise beliebig fortgesetzt werden. Darauf möchte ich aber verzichten. Aus diesen Meldungen muss die Menschheit allerdings lernen, welche Folge entsteht, wenn wir aktiv Maßnahmen zum Schutz der Umwelt treffen. Die oben genannten positiven Effekte müssen in Zukunft als eine von vielen Argumentationsgrundlagen dienen. Beispielsweise gegen jede Behauptung, der Klimawandel sei nicht vom Menschen geschaffen oder beeinflussbar.

---

[12] Quelle: Mast, M. (14. 04 2020). Zeit online. Von https://www.zeit.de/wissen/gesundheit/2020-03/corona-auswirkungen-klima-umwelt-emissionen-muell/komplettansicht abgerufen ; abgerufen am 14.04.2020

Dem Menschen muss klar werden, wie sehr sich sein Handeln direkt auf die Umwelt auswirkt. Selbstverständlich ist der Klimawandel ein hochkomplexes Thema. Davon auszugehen, man könne von jetzt auf nachher durch einfache Methoden die Sünden der letzten Jahrzehnte ausmerzen, wäre illusionistisch. Doch können uns manche Veränderungen, besonders in der Kürze der Zeit von wenigen Wochen, die Augen öffnen und zu einem gewissen Umdenken bewegen.

An dieser Stelle möchte ich Alexander von Humboldt erwähnen. Er wurde am 14. September 1769 in Berlin geboren. Er war ein deutscher Forschungsreisender, der sein Wirken dem Erforschen und besonders dem Verstehen der Natur geschenkt hat. Humboldt ist Namensgeber für viele Tiere, Pflanzen, Preise oder Gebäude. So gibt es den Humboldt-Kalmar, den Alexander-von-Humboldt-Nationalpark (Kuba), das Humboldtgebirge (Asien), eine nach ihm benannte Pilzgattung, eine Schmetterlingsart oder den wohl bekanntesten Polar-Bewohner: der Humboldt-Pinguin. Die zentrale Erkenntnis der zahlreichen Forschungsreisen und akribischen Sammlungen Humboldts ist seine Deutung der Natur als ein lebendiges Ganzes, als ein Kosmos. Er verstand bereits zu Beginn des 19. Jahrhunderts, dass das Winzigste mit dem Größten untrennbar zusammenhängt.[13]

---

[13] Quelle: Wulf, A. (2016). *Alexander von Humboldt und die Erfindung der Natur*. München: für die deutsche Ausgabe: C. Bertelsmann Verlag.

Dieses Verständnis der Natur, wie es Humboldt hatte, müssen wir uns bewusst aneignen. Was immer wir tun und auch lassen, hat Auswirkungen. Im Rahmen der Corona-Krise stellten wir viele Dinge notgedrungen ein. Wir nahmen uns zurück. Und sofort können wir entsprechende Auswirkungen in der Natur ablesen. Wenn wir uns dieser Wirkung bewusst sind, und mögliche Veränderungen in unserem Handeln veranlassen, werden wir durch die Schockstarre des Lockdowns eine Grundlage für zukünftige Entscheidungen bilden.[11]

Die Seuche hat aber möglicherweise bereits beim Einzelnen das Verhältnis zur Natur, wenn auch minimal, verändert. Durch den verordneten Hausarrest waren die Freizeitmöglichkeiten äußerst eingeschränkt. Wie bereits unter dem Punkt der positiven Auswirkungen bezüglich der eigenen Person erwähnt, zog es den Einzelnen zur Bewegung nach draußen. Der beliebteste Fluchtpunkt war sicherlich der Wald, oder eben allgemeiner, die Natur.

Viele kennen dieses Gefühl. Der Partner trennt sich unerwartet, man kommt sich zuhause vor wie in einem Zirkus-Käfig und man verspürt nur noch den Drang, raus zu müssen. Man irrt durch die Straßen der Umgebung und flüchtet letztendlich in den nahen Stadtwald. Dort angekommen, fühlt man schlagartig

---

[14] Zusammenhang zwischen dem Zerstören von Lebensraum für Wildtiere und dem Verbreiten von Viruserkrankungen:
https://www.br.de/nachrichten/wissen/coronavirus-woher-kommen-zoonosen,RvfTm1f

eine innere Ruhe. Das Leid der Trennung ist dann nicht vergessen, aber es scheint erträglicher. Warum ist das so? Die Erforschung dieses Phänomens wurde erst in den letzten Jahren angetrieben. Wissenschaftliche Bereiche wie die Soziologie, Psychologie und natürlich die Biologie sind tangiert. Es würde den Rahmen dieses Buches sprengen, hier thematisch tiefer einzusteigen.[15]

Welche Ursachen und Gründe hinter der wohltuenden Wirkung der Natur auf uns Menschen wissenschaftlich stecken mag, soll hier auch überhaupt nicht entscheidend sein. Lediglich diese Tatsache müssen wir verinnerlichen. Spätestens im Rahmen der Corona-Krise sollten uns die Vorzüge der Natur eingeleuchtet sein. Dort, wo nach bisherigem Wissen keine Infektionsgefahr herrschte, wo wir die Seele baumeln lassen können und sich der Mensch offenbar wortwörtlich naturgemäß zuhause fühlt, wirkt sich unser sonstiges industriebelastetes Leben am schlimmsten negativ aus. Und genau dort, in der Natur, lassen sich bereits nach wenigen Wochen des Lockdowns derartige Verbesserungen ablesen. Hier sollte uns bewusst werden, dass wir als kollektive Menschheit handeln müssen. Wir müssen diese Erfahrung mitnehmen für weitere Klimadiskussionen in der Nach-Corona-Zeit.

---

[15] Ich möchte jedoch nicht darauf verzichten, auf die unten stehende Internetseite zu verweisen. Der Autor Dr. Rainer Brämer betrachtet hier aus verschiedenen Blickpunkten die Wirkung der Natur auf den Menschen. www.natursoziologie.de

Einen bedeutenden Nutzen dieser Krise im Zusammenhang mit möglichen Besserungen für die Umwelt möchte ich nicht unerwähnt lassen. Politiker nahezu auf der gesamten Erde konnten in kürzester Zeit Regelungen beschließen, die zu ungeahnten positiven, wenn auch kurzfristigen, Verbesserungen führten. Genau diese Politiker werden sich nach der Krise schwertun, Maßnahmen z. B. zur Verringerung der $CO_2$-Werte oder ein Verbot von Plastiktüten als nicht machbar abzutun.[16] Ich gehe davon aus, die Entscheidungsträger werden in Zukunft häufig auf Möglichkeiten bei gutem Willen hingewiesen. Zumindest bleibt dies zu hoffen.

---

[16] Quelle: Der Spiegel, Nr. 17, 18.04.2020, S. 12

# Schlusswort

Manche Staaten, unter anderem auch mein Heimatland Deutschland, würden am liebsten unter anderem mit unvorstellbaren Finanzspritzen [17] möglichst schnell die Prä-Corona-Situation wiederherstellen. Das ist verständlich. Bevor Corona die Welt lähmte, befanden wir uns wirtschaftlich gesehen in einem ständig sich weiter steigernden Aufwärtstrend. Dass dieser Zustand alsbald wiedererlangt werden möchte, scheint klar.

Doch stellt sich auch die Frage, ob es wirklich eine so rundum gute Welt vor Corona war. Die internationale Staatengemeinschaft sah sich bislang nicht im Stande Kriege und Krisen wie nur beispielhaft genannt in Syrien, Mali oder Venezuela zu beenden. Die Flüchtlingssituation in Europa ist noch immer ungelöst. Nationale Populisten erfuhren beängstigenden Auftrieb. Es stellt sich die Frage, ob wir wirklich die alte Lage wiederherstellen wollen, oder ob wir die Krise nicht nutzen sollten, aus ihr zu lernen und in den verschiedensten Bereichen umzudenken. Wir sollten die Grenzen, die uns dieser Virus in den bereits näher angesprochenen Bereichen, aufgezeigt hat, erkennen und jeder sollte für sich ein Stück weit umdenken, damit die Zukunft besser wird. Besser für

---

[17] Siehe hierzu z.B.: Kafsack, H. (28. 05 2020). FAZ online. Von https://m.faz.net/aktuell/wirtschaft/750-milliarden-der-eu-so-viel-geld-erhalten-die-einzelnen-staaten abgerufen

uns, besser für unsere Mitmenschen und besser für unsere Nachfahren. Eigenbrötlerei und nationalstaatliches Denken hilft der kollektiven Menschheit nicht. Vor der Krise zählten für viele Menschen nur die eigenen Interessen. Viele waren geprägt von bedingungslosem Egoismus. Durch die Pandemie wurde aufgezeigt, dass dieser allein nicht hilft. Es ist ein gemeinsames Handeln und ein Miteinander weitaus effektiver. Wenn wir zusammenhalten und aus dieser Krise und den Gegebenheiten lernen, birgt das die Chance darauf, gestärkt und besser aus ebendieser hervorzutreten.

Was die noch immer aktuelle Corona-Krise uns ganz entscheidend wieder neu ins Bewusstsein gerufen hat, ist die Solidarität. Solidarität gegenüber Nachbarn, Arbeitskollegen und den Mitmenschen. Wie bereits erwähnt, waren wir vor der Pandemie lediglich auf Individualismus getrimmt. Durch die Krise lernten wir wieder, wie wichtig solidarisches Handeln ist. Wir tragen Masken und halten Abstand, um andere zu schützen. Wir zeigen Verständnis, wenn der Mitarbeiter nicht zur Arbeit erscheinen kann, weil er wegen geschlossener Kitas und Schulen seine Kinder hütet. Und wir gehen für die lebensältere Nachbarin einkaufen, damit sich ihr Ansteckungsrisiko minimiert. Die in der Krise entstaubte Solidaritätsgemeinschaft beweist, dass der Mensch irgendwie doch grundsätzlich gut ist, wenn er denn will. Diese Solidarität haben wir über mehrere Wochen oder Monate belegt. Jetzt müssen wir dieselbe auch in Form von dauerhaftem Umdenken über Generationen hinweg zeigen.

Die Sorglosigkeit, die viele vor der Corona-Krise erfüllte, in Bezug auf viele Vorzüge unseres heutigen Lebens, führte aber auch dazu, dass der Fokus auf die elementaren Dinge des menschlichen Zusammenlebens oft nicht mehr stimmte. Vorzüge, wie beispielsweise die persönliche Freiheit, den uneingeschränkten Konsum oder erhaltene Dienstleistungen wurden als gegeben und selbstverständlich hingenommen. Die Hintergründe, jeweiligen Gegebenheiten und Problematiken dahinter mussten uns nicht beschäftigen. Die Pandemie hat uns viele neue Perspektiven aufgezeigt. Vieles, was selbstverständlich war, erfährt durch die Krise endlich die angemessene Wertschätzung. Wir schätzen wieder die Zeit, die wir mit der Familie oder Freunden verbringen dürfen. Wir erkennen den Luxus von offenen Grenzen und der damit verbundenen Reisefreiheit oder die Freiheit der Person, die Versammlungsfreiheit, die Glaubensfreiheit, und so weiter. Aber wir schätzen auch wieder die eigene Gesundheit. Es ist eben nicht selbstverständlich, gesundheitlich sorglos zu leben und jederzeit auf den Luxus von medizinischer Hilfe zurückgreifen zu können. Dass durch die Krise auch Berufsgruppen, wie die bereits genannten Pflegeberufe oder auch der Logistikbereich und der Lebensmittelhandel, die zuvor vermisste öffentliche Wertschätzung erfuhren, ist ein positiver Umstand, den es nach der Pandemie in unseren Köpfen zu verfestigen gilt.

Eine weitere zentrale Erkenntnis aus der Corona-Krise besteht in der Pflicht zur Nachhaltigkeit. Wir können im Rahmen unseres Umdenkens in dieser neu beginnenden Epoche nachhaltiges Denken auch bei Privatpersonen in den Köpfen verankern. Anlässlich der unbestritten richtigen Globalisierung wurde vergessen, der Nachhaltigkeit entsprechenden Stellenwert zuzuschreiben. In Fabriken wurde nur dann produziert, wenn es gerade benötigt wurde. Es war stets alles vorhanden, schnell lieferbar und machbar. Die Krise hat uns hier Grenzen aufgezeigt. Möglicherweise werden in Zukunft Produktionsstätten auf mehrere Länder verteilt, vielleicht entsteht auch ein gewisser Drang zum Regionalen. Aber sicherlich hat uns Corona manche Schwachstellen in unserem bisherigen System offenbart, aus denen wir lernen sollten. Hier seien die Mängel in der Vorsorge und an Schutzausrüstungen nur beispielhaft erwähnt. Wir müssen uns bewusst sein darüber, was unsere heutigen Entscheidungen und Handlungen in der Zukunft für uns alle bedeuten. Wir müssen aufhören lediglich im Hier und Jetzt zu leben. Das betrifft die großen Industrien und Gesellschaften genauso wie den Einzelnen in seinem ganz persönlichen Umfeld. Jeder kann seinen Teil zu einem nachhaltigen und besseren Leben beisteuern. Und durch diesen Beitrag kann der Einzelne ein Glied einer innovativen und vielversprechenden Gesellschaft sein.

Ich komme nun zum Ende meines Buches, in welchem es hauptsächlich um die Hervorhebung mancher positiven Auswirkungen der Corona-Krise im Jahr 2020 ging. Dass ein Buch niemals abschließend und allgemeingültig sein kann, steht außer Frage. Es kann jede Behauptung mit pro und contra betrachtet und gewertet werden. Diese Vielfalt ist für mich ein Kernelement unserer Gesellschaft, die es gilt zu wahren. Es sei mir verziehen, wenn ich manche Bereiche nicht mit der vom jeweiligen Leser möglicherweise erwarteten Tiefe behandelt habe. Ich wollte die Menschen animieren, diese schreckliche Seuche mit all ihren Nebenwirkungen als eine Möglichkeit zu begreifen, die Welt trotzdem positiv zu betrachten. Selbst wenn nach der Corona-Krise eine latente Angst vor einer weiteren Pandemie in den Köpfen bleiben wird, so sollte sich auch ein gewisses Vertrauen in unsere Optionen zum Bekämpfen einer solchen gebildet haben. Sollte sich im Nachhinein herausstellen, dass die ganzen getroffenen Maßnahmen der Politik und Gesellschaft gar nicht notwendig gewesen wären, selbst dann hat uns die Corona-Krise einige gute und wichtige Lehren geliefert.

Als die zentrale Erkenntnis der Corona-Krise sehe ich die Chance zur Veränderung in allen Lebensbereichen. Die Pandemie hat uns gezeigt, was wir im Stande sind zu leisten und was wir verändern können, wenn wir es anpacken. Auch hat sich nicht die hochgelobte künstliche, sondern die menschlich-soziale Intelligenz bewährt. Möglicherweise wurde dem Technik-Hype der letzten Jahrzehnte etwas Einhalt geboten und unsere Aufmerksamkeit richtet sich wieder mehr auf die humanitären Fragen. Nicht nur seitens der Politik, Wirtschaft oder bestimmter Interessensvertretungen wurde vor Corona häufig auf die Unmöglichkeit mancher Maßnahmen hingewiesen. Durch die Krise haben wir Möglichkeiten gesehen, Umweltschädigungen herunterzufahren, sich im Egoismus auf nachbarschaftlicher wie globaler Ebene einzuschränken und auch bislang ungeahnte Wege neu zu beschreiten und Großes in Angriff zu nehmen.

Ich lade Sie ein, durch persönliches Umdenken Teil einer zukünftig nachhaltigeren, zufriedeneren und glücklicheren Menschheit zu sein.

Ich wünsche uns allen viel Erfolg!

Ihr Tobias Horn

# Literaturverzeichnis

1 BvQ 26/20 -, Rn. (1-15)
(Bundesverfassungsgericht, 1. Kammer des
Ersten Senats 10. 04 2020). Abgerufen am
14. 05 2020 von
http://www.bverfg.de/e/qk20200410_1bvq
002620.html

Balda, F. (28. 01 2020). *statista.com*. Von
https://de.statista.com/themen/596/e-
books/ abgerufen

(2013). *Bericht zur Risikoanalyse im
Bevölkerungsschutz 2012.* Abgerufen am 11.
05 2020 von
https://dipbt.bundestag.de/dip21/btd/17/1
20/1712051.pdf?fbclid=IwAR3cGMFtZWXZd
qkE5O_j%E2%80%93YFA4BoMWjo125CJc_4
0jUsKG9SWt315L8nTuY

Böhm, A. (16. 04 2020). Das Ebola der Reichen. *Die
Zeit*, 7.

Brämer, D. R. (kein Datum). *natursoziologie.de*.
Abgerufen am 01. 05 2020 von
https://www.natursoziologie.de/NS/

Fichtner, U. (18. 04 2020). Am Anfang war das Virus.
*Der Spiegel*, S. S. 11.

Kafsack, H. (28. 05 2020). *FAZ online*. Von
https://m.faz.net/aktuell/wirtschaft/750-

milliarden-der-eu-so-viel-geld-erhalten-die-
einzelnen-staaten abgerufen

Knop, C. (2020). Ein Volk von Hobby-
Epidemiologen? *FAZ+ online*.

Mast, M. (14. 04 2020). *Zeit online*. Von
https://www.zeit.de/wissen/gesundheit/20
20-03/corona-auswirkungen-klima-umwelt-
emissionen-muell/komplettansicht
abgerufen

Schmergal, C. (18. 04 2020). Arme Helden. *Der
Spiegel*, S. 36.

*statista.com*. (03 2013). Abgerufen am 27. 04 2020
von
https://de.statista.com/statistik/daten/studi
e/299645/umfrage/umfrage-in-
deutschland-zum-stellenwert-von-familie-
beruf-hobbys-freundeskreis/

Wulf, A. (2016). *Alexander von Humboldt und die
Erfindung der Natur.* München: für die
deutsche Ausgabe: C. Bertelsmann Verlag.

*www.br.de*. (09. 04 2020). Von
https://www.br.de/nachrichten/wissen/cor
onavirus-woher-kommen-
zoonosen,RvfTm1f abgerufen

CPSIA information can be obtained
at www.ICGtesting.com
Printed in the USA
LVHW082307050820
662306LV00003B/393

9 783751 901383